Peldaños

Explorar
arriba y más allá

Lee para descubrir cómo el científico en cohetes Robert Goddard preparó el camino para el vuelo espacial humano.

limit of balloon: 20 miles

Moo

limit of atmosphere 200 mile

700 miles

6 miles/

EARTH

lb

5olis (H)

El deseo
de llegar a la
LUNA

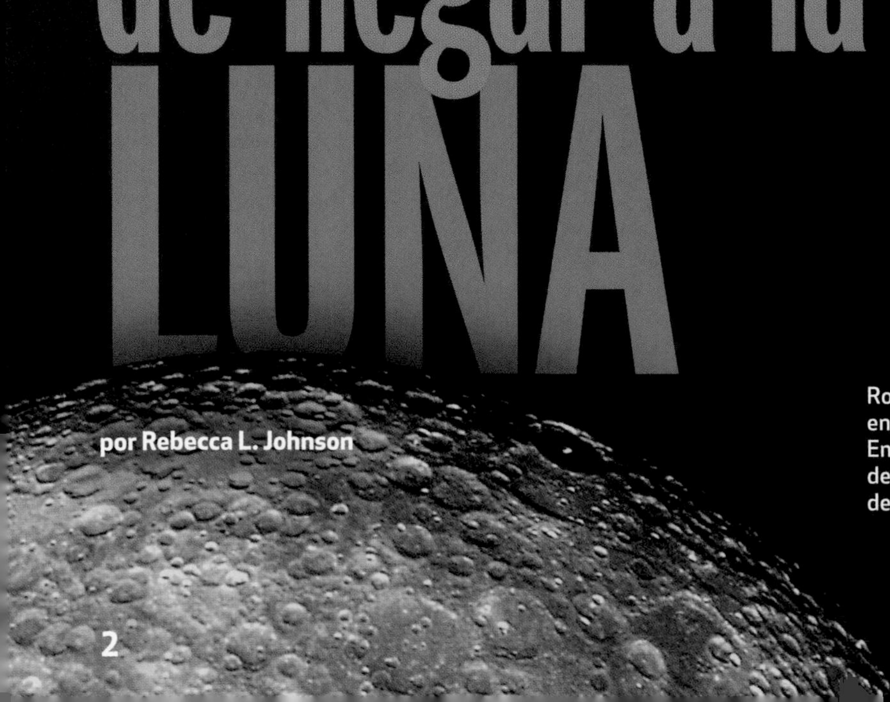

por Rebecca L. Johnson

Robert Goddard era científico e ingeniero en cohetes. Su sueño era viajar a la Luna. En la actualidad se lo considera el padre del estudio y el uso de cohetes, o ciencia de cohetes.

La Luna es el vecino más cercano de la Tierra en el espacio. A lo largo de la historia, se ha soñado con viajar allí. La invención de los telescopios en el siglo XVII permitió ver detalles de la superficie de la Luna. Cuando se calculó que la distancia real de la Luna a la Tierra era de 384,400 kilómetros (238,855 millas), pareció que llegar allí sería imposible. ¡La distancia es como viajar alrededor del ecuador nueve veces y media!

El científico e inventor estadounidense Robert H. Goddard creía que se podía usar un cohete para llegar a la Luna. De adolescente, a Goddard le encantaba leer cuentos de ciencia ficción. Le gustaba especialmente *La guerra de los mundos*, de H.G. Wells, un cuento en el que entes, o criaturas, de Marte invaden la Tierra.

A los 17 años, Goddard comenzó a pensar seriamente en viajar al espacio. Más tarde escribió: "Me imaginaba lo maravilloso que sería construir algún dispositivo que tuviera la posibilidad de ascender a Marte". Desde entonces, Goddard dedicó su vida a hacer que el vuelo espacial fuera una realidad.

En 1920, cuando Goddard tenía 37 años, escribió un informe científico titulado "Un método para llegar a alturas extremas". Goddard decía que se debían construir cohetes que pudieran viajar a la Luna, lo que era una idea osada en esa época. Gracias, en parte, a la investigación de Goddard, el sueño de ir a la Luna y más allá se hizo realidad en el siglo XX.

Goddard posa junto a uno de sus cohetes de combustible líquido en su laboratorio de Roswell, Nuevo México, en la década de 1930.

Cuando trabajaba en un pequeño laboratorio en su ciudad natal de Worcester, Massachusetts, Goddard usaba combustibles sólidos como la pólvora para hacer funcionar sus primeros cohetes. Pero es muy difícil controlar los combustibles sólidos, y Goddard aprendió que un cohete no podía llegar a cierta altura a menos que pudiera quemar combustible a un ritmo controlado, un poco por vez. También debía quemar combustible en el momento indicado.

Goddard creía que el combustible líquido era la respuesta. Diseñó un motor de cohete en el que el combustible líquido podía bombearse a un ritmo controlado en un espacio cerrado. El 16 de marzo de 1926, Goddard lanzó el primer cohete eficaz de combustible líquido desde la granja de su tía Effie.

El público no tomaba en serio el trabajo de Goddard. Los periodistas escribían artículos en los que se burlaban de sus ideas sobre los vuelos de cohetes a la Luna. Lo apodaron "lunático". Goddard respondía diciendo: "Toda visión es una broma hasta que el primer hombre la lleva a cabo".

En 1930, Goddard recibió una beca, que es dinero que dona una organización para un propósito específico. Usó el dinero para mudar su trabajo a Roswell, Nuevo México. Allí, Goddard continuó desarrollando cohetes el resto de su vida. Inventó dispositivos para mantener el curso recto de un cohete. También experimentó con cohetes de múltiples etapas. Un cohete de múltiples etapas tiene dos o más motores que hacen combustión en secuencia para impulsar más alto al cohete. Uno de los cohetes de Goddard llegó a una altura de aproximadamente 2,4 kilómetros (1,5 millas). Otro viajó tan rápido que excedió la velocidad del sonido.

Goddard en la granja de su tía Effie en Auburn, Massachusetts

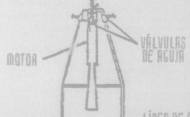

Goddard remolca un cohete hasta su torre de lanzamiento en Nuevo México.

Goddard observa el lanzamiento de un cohete desde una distancia segura. Los cielos despejados de Nuevo México hacen que sea un buen lugar para poner a prueba los cohetes.

LA EVOLUCIÓN DEL COHETE

Hacia 1945, cuando Goddard murió, había lanzado más de 30 cohetes. Ninguno de ellos llegó al espacio. Pero su investigación inspiró a los científicos jóvenes y sentó las bases de la exploración espacial moderna.

Gracias a Goddard, los científicos desarrollaron una serie de cohetes. Estos cohetes ayudaron a llevar a los seres humanos a la Luna y enviar **sondas espaciales** a planetas distantes. La Administración Nacional de Aeronáutica y el Espacio (NASA, por sus siglas en inglés) creó el Centro de Vuelo Espacial Goddard en honor al pionero en cohetes. Este centro de vuelo está ubicado en Greenbelt, Maryland.

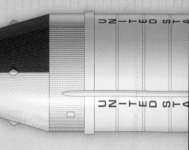
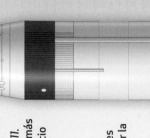
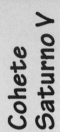

111 metros (363 pies) de alto

Cohete Saturno V

En julio de 1969, Estados Unidos lanzó un cohete Saturno V al espacio. Transportaba la nave espacial tripulada *Apollo 11*. ¡Este cohete era más alto que un edificio de 36 pisos! Los astronautas del *Apollo 11* se convirtieron en los primeros seres humanos en pisar la Luna.

Cohete Molniya SL-6/A-2-e

En enero de 1966, este cohete llevó al espacio la sonda espacial soviética *Luna 9*, que alunizó en la Luna. Fue un enorme éxito. La presión estaba en ver qué país, la Unión Soviética o los Estados Unidos, sería el primero en llevar a un ser humano a la Luna.

40 metros
(131 pies) de alto

Cohete Juno I

El 31 de enero de 1958, Estados Unidos envió su primer satélite en órbita, *Explorer-I*, usando un cohete Juno-I.

21 metros
(68 pies)
de alto

29 metros
(98 pies)
de alto

Cohete R-7

El 4 de octubre de 1957, la Unión Soviética conmocionó al mundo cuando lanzó el *Sputnik*, el primer satélite que orbitó la Tierra. (La Unión Soviética estaba formada por Rusia y algunos países vecinos). El cohete que llevó al *Sputnik* al espacio se llamaba R-7. El lanzamiento del *Sputnik* comenzó una "carrera espacial" entre los Estados Unidos y la Unión Soviética.

13.5 metros
(44 pies) de alto

Cohete alemán V-2

Durante la década de 1930, Goddard compartió parte de su investigación con científicos alemanes. Dejó de compartirla a comienzos de la Segunda Guerra Mundial. Le preocupaba que Alemania usara los cohetes como armas. Eso fue exactamente lo que sucedió. Los cohetes V-2 alemanes estaban basados en los diseños de combustible líquido de Goddard.

El 16 de marzo de 1926, Goddard hizo historia cuando lanzó el primer cohete de combustible líquido. El cohete voló solo 2.5 segundos y recorrió 12.5 metros (41 pies) en el aire.

3.4 metros
(11 pies) de alto

UN
PEQUEÑO PASO...

por Rebecca L. Johnson

transcripción de Neil Armstrong, Edwin Aldrin y Michael Collins

En vivo desde la Luna

El 20 de julio de 1969, millones de personas de todo el mundo vieron esas cinco palabras destellar en la pantalla de su televisor. Luego, observaron cómo dos astronautas estadounidenses hacían algo que nunca nadie había visto antes. Vestidos con trajes espaciales voluminosos y mochilas de aire para respirar, Neil Armstrong y Edwin "Buzz" Aldrin se convirtieron en los primeros seres humanos que caminaron en la Luna.

¿Cómo te sentirías si te dirigieras al espacio con el motor de un cohete rugiendo detrás de ti, enfrentándote a la posibilidad de que tal vez nunca regreses? ¿Cómo sería visitar un lugar que nadie ha visto nunca en persona? ¿Puedes imaginar que dejas las primeras huellas de pasos allí? ¿Puedes imaginar ver tu planeta desde lejos?

Neil Armstrong (1930–2012) fue el comandante de la misión *Apollo 11*. Fue la primera persona que caminó en la Luna.

Michael Collins sirvió como piloto del módulo de comando en la misión. Permaneció en órbita alrededor de la Luna mientras que Armstrong y Aldrin fueron a la superficie de la Luna.

Edwin "Buzz" Aldrin fue el piloto del módulo lunar en la misión.

APOLLO 11

Por siglos nos hemos preguntado cómo sería viajar a la Luna. Armstrong, Aldrin y Michael Collins habían hecho el viaje desde la Tierra hasta la Luna a bordo de la nave espacial *Apollo 11*. Collins permaneció en el **módulo de comando** orbitando, o girando, alrededor de la Luna. Armstrong y Aldrin descendieron a la superficie de la Luna en el **módulo lunar.** Desde el momento en que el módulo lunar alunizó, estaban emocionados por lo que significaba su logro para la exploración espacial. Continúa leyendo para compartir su experiencia... ¡con sus propias palabras!

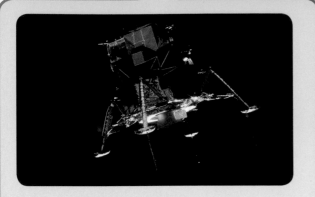

Alunizaje

Han pasado 102 horas, 45 minutos y 43 segundos después de que se lanzara al espacio el Apollo 11. El Eagle, el módulo lunar, hace un alunizaje arriesgado en un cráter poco profundo llamado Mar de la Tranquilidad. (¡La mayoría de la gente en la Tierra no sabe que al Eagle solo le quedan 20 segundos de combustible para alunizar!). Armstrong y Aldrin siguen hablando con su equipo de apoyo en la Tierra en el Centro Espacial Johnson en Houston, Texas. CAPCOM es el seudónimo de la cápsula de comunicaciones en Houston. Collins continúa pilotando el módulo de comando, el Columbia, mientras orbita sobre ellos.

ARMSTRONG: Houston, [esta es] la Base Tranquilidad. El *Eagle* ha alunizado.

CAPCOM: Entendido, Tranquilidad, lo recibimos en tierra. Tenían a un grupo de hombres que estaban a punto de ponerse azules. Ya respiramos de nuevo.

COLLINS (desde el *Columbia*): ¡Fantástico!

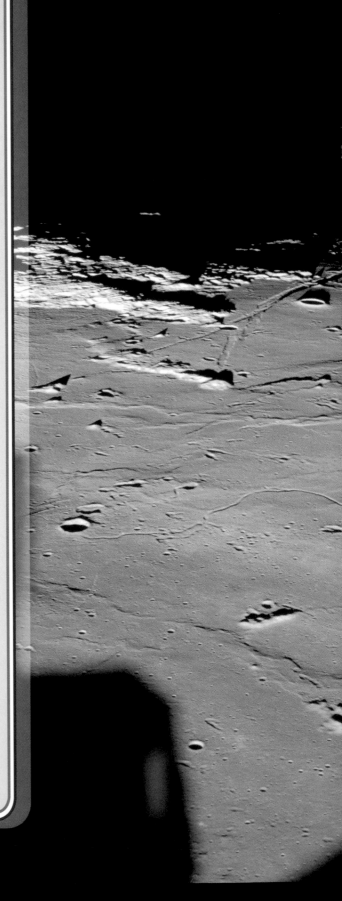

Esta foto se tomó desde el módulo lunar en vuelo. Aldrin alunizó el módulo en el área que está adelante, al borde de la sombra oscura.

Aldrin y Armstrong observan por las ventanillas del módulo. Describen el paisaje sin vida y yermo. El Mar de la Tranquilidad tiene muchos peñascos y cráteres de diversos tamaños y profundidad.

ALDRIN: Ya llegaremos a los detalles de lo que hay aquí [más tarde], pero parece una colección de todo tipo de formas, angulosidad, granulosidad, incluso todo tipo de roca que se pueda encontrar... Nada parece de un mismo color; sin embargo, parece como si algunas de las rocas y los peñascos... van a tener algunos colores interesantes.

CAPCOM: Entendido, Tranquilidad. Sepan que hay muchas caras sonrientes en esta sala y en todo el mundo.

ARMSTRONG: [Fuera de la] ventana hay una planicie relativamente llana con un número relativamente grande de cráteres que varían de cinco a cincuenta pies, y... virtualmente miles de cráteres pequeños de uno y dos pies en el área.

Los dos astronautas pasan las siguientes seis horas y media asegurándose de que todo funcione correctamente en el módulo lunar. Después de recibir la aprobación de Houston, Armstrong y Aldrin se preparan para abandonar el módulo lunar. Como comandante de la misión, Armstrong es el primero en salir.

ARMSTRONG: La escotilla se está abriendo... Bien, Houston, estoy en el pórtico.

CAPCOM: Recibimos la imagen en el televisor... Bien, Neil, ahora te vemos bajar por la escalera.

ARMSTRONG: Voy a bajar del módulo lunar ahora. Es un pequeño paso para un hombre, pero un gran salto para la humanidad. La superficie es adecuada y polvorienta. Puedo... patearla y deshacerla con mis pies. Se adhiere en finas capas como el polvo de carbón... a mis botas. Solo avancé una fracción de una pulgada, quizá un octavo de una pulgada, pero puedo ver las huellas de mis botas en las partículas arenosas finas.

CAPCOM: Neil, este es Houston. Te recibimos.

Armstrong tomó estas fotos mientras Aldrin abandonaba el módulo lunar.

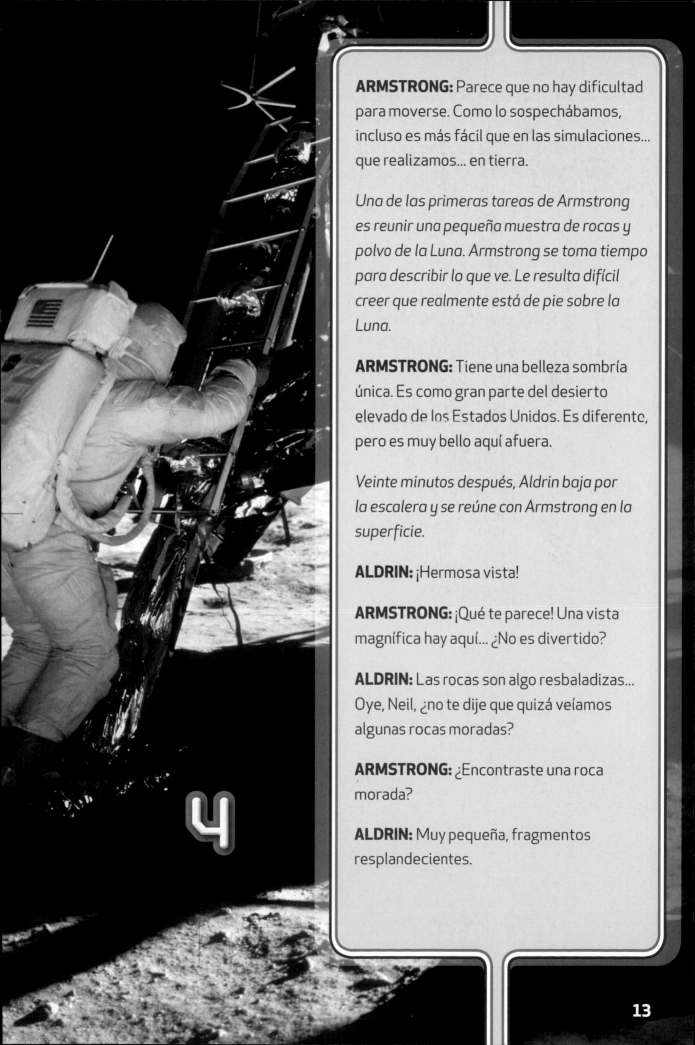

ARMSTRONG: Parece que no hay dificultad para moverse. Como lo sospechábamos, incluso es más fácil que en las simulaciones... que realizamos... en tierra.

Una de las primeras tareas de Armstrong es reunir una pequeña muestra de rocas y polvo de la Luna. Armstrong se toma tiempo para describir lo que ve. Le resulta difícil creer que realmente está de pie sobre la Luna.

ARMSTRONG: Tiene una belleza sombría única. Es como gran parte del desierto elevado de los Estados Unidos. Es diferente, pero es muy bello aquí afuera.

Veinte minutos después, Aldrin baja por la escalera y se reúne con Armstrong en la superficie.

ALDRIN: ¡Hermosa vista!

ARMSTRONG: ¡Qué te parece! Una vista magnífica hay aquí... ¿No es divertido?

ALDRIN: Las rocas son algo resbaladizas... Oye, Neil, ¿no te dije que quizá veíamos algunas rocas moradas?

ARMSTRONG: ¿Encontraste una roca morada?

ALDRIN: Muy pequeña, fragmentos resplandecientes.

4

Armstrong sabe que millones de personas en la Tierra observan y escuchan. Lee una placa que quedará en la Luna como homenaje del histórico alunizaje. Dice que los astronautas "vinieron en paz para toda la humanidad". Luego Armstrong y Aldrin plantan una bandera estadounidense. Después de recibir una llamada del Presidente Nixon, preparan unos experimentos científicos y continúan reuniendo muestras de roca y suelo.

ARMSTRONG: Estos peñascos parecen basalto [roca volcánica] y probablemente contienen dos por ciento de minerales blancos.

ALDRIN (recolectando una muestra): Espero que observen qué tan fuerte tengo que golpear esto en el suelo con un ajuste de unas cinco pulgadas, Houston.

ARMSTRONG: Estoy recogiendo varios trozos de roca realmente vesicular [llena de agujeros] aquí.

Los astronautas dejaron huellas, instrumentos científicos, una placa y la bandera de los EE. UU. El módulo lunar se ve a la distancia.

Los astronautas suben 21.3 kilogramos (47 libras) de rocas y suelo al módulo lunar. Pasan dos horas y media trabajando en la superficie de la Luna. Luego se preparan para despegar, acoplarse al Columbia y comenzar el viaje a casa.

ALDRIN: La escotilla está cerrada y asegurada.

CAPCOM: La tripulación de la Base Tranquilidad ya está de vuelta dentro de su base... Todo salió perfectamente.

COLLINS (desde el *Columbia*): ¡Aleluya!

CAPCOM: Quisiéramos decir de parte de todos los que estamos aquí abajo en Houston y realmente de parte de los habitantes de todos los países y del mundo entero, que creemos que han hecho un trabajo magnífico allí arriba.

ALDRIN: Muchas gracias. Ha sido un largo día.

La tripulación del Apollo 11 regresó a salvo a la Tierra el 24 de julio. Su misión fue el logro de un sueño de siglos. Llegaron a la Luna y regresaron para contar la historia.

Compruébalo ¿Qué creen que esperaban aprender los científicos del alunizaje?

LUN

asombrosas

por Rebecca L. Johnson

La palabra "luna" puede referirse a cualquier objeto rocoso que orbite alrededor de un planeta. La Luna de la Tierra es una de las muchas lunas de nuestro **sistema solar.** Se conocen más de 170 lunas. Sin dudas, nos espera descubrir otras lunas.

Los científicos usan **sondas espaciales** que exploran los planetas y sus lunas fotografiándolos y cartografiándolos. Algunas sondas espaciales importantes incluyen las *Voyagers 1* y *2*, *Galileo*, *Cassini* y el telescopio espacial Hubble. Estos instrumentos son los ojos de un científico en el espacio, y envían de vuelta vastas cantidades de datos sobre algunos de los lugares más extraños de nuestro sistema solar y más allá.

Neptuno

Neptuno es un frío gigante gaseoso que está 30 veces más lejos del Sol que la Tierra. Tiene 13 lunas conocidas. La más grande es Tritón, que se descubrió apenas 17 días después de que se descubriera Neptuno. No se sabe mucho sobre las lunas más pequeñas de Neptuno. Gracias a la *Voyager 2*, los científicos saben bastante de Tritón.

Tritón Decir que Tritón es fría es subestimarla. Con una temperatura promedio de aproximadamente −235 ºC (−391 ºF), Tritón es uno de los objetos más fríos del sistema solar. Aún así, Tritón es sorprendentemente activa. Es un mundo de "volcanes de hielo".

Estos extraños volcanes emiten gases tan fríos que están en forma líquida. Los líquidos que brotan forman gotitas que se congelan y luego

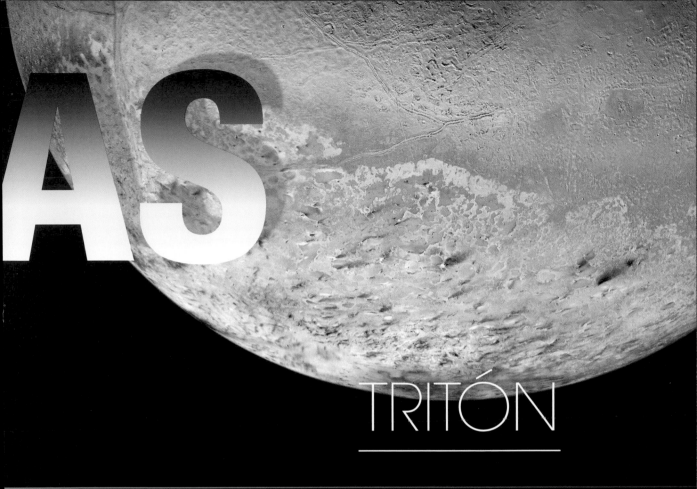

AS

TRITÓN

caen como nieve. La *Voyager 2* fotografió uno de estos volcanes cuando enviaba una nube líquida glacial a 8 kilómetros (5 millas) en el espacio.

Los científicos creen que Tritón puede haber sido un planeta enano alguna vez, como Plutón, y que dio vueltas alrededor del Sol hasta que la gravedad de Neptuno la atrajo.

Tritón está condenada porque Neptuno lentamente la atrae más. Dentro de millones de años, la gravedad de Neptuno despedazará a Tritón. Los científicos creen que los fragmentos de Tritón pueden formar un anillo alrededor de Neptuno, como recuerdo de lo que alguna vez fue Tritón.

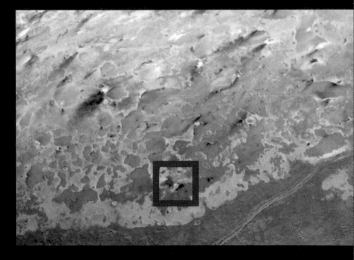

⌃ Las vetas oscuras revelan unos 50 "volcanes de hielo" cerca del polo sur de Tritón. Algunos miden más de 161 kilómetros (100 millas) de largo. El recuadro rojo contiene al menos tres volcanes de hielo.

Saturno está en segundo lugar, después de Júpiter, en cuanto al número de lunas que tiene: 62 lunas en total. Los científicos están especialmente interesados en dos de las lunas de Saturno: la helada Encélado y la gigante Titán.

Encélado Encélado es el objeto más blanco y brillante del sistema solar. Está cubierta de hielo y nieve, y refleja la mayor parte de la luz solar que le llega.

Encélado es dura y congelada, pero hay géiseres en su superficie, cerca de su polo sur. Un géiser es como un volcán que expele agua en lugar de lava. De los géiseres brotan enormes chorros de vapor de agua y cristales de hielo.

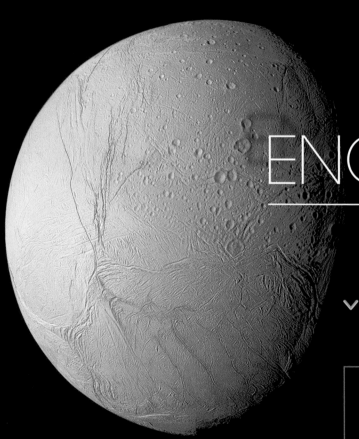

ENCÉLADO

▽ De los géiseres salen disparados chorros de hielo y vapor de agua. La sonda espacial *Cassini* tomó esta imagen desde una distancia de aproximadamente 148,000 kilómetros (92,000 millas).

TITÁN

La sonda *Huygens* capturó esta imagen de montañas y valles en Titán.

Titán A los científicos les ha tomado mucho tiempo aprender sobre Titán, la luna más grande de Saturno. Esto se debe a que su densa atmósfera bloquea cualquier vista clara de su superficie. Luego, a comienzos de 2005, una pequeña sonda llamada *Huygens* se desprendió de *Cassini*, se sumergió a través de la atmósfera de Titán y tomó fotografías.

Las fotografías muestran un mundo que parece una versión súper fría de la Tierra antigua. Titán tiene montañas, valles, dunas y planicies. También tiene lagos, ríos y nubes de lluvia. Pero toda el agua de Titán está congelada porque la temperatura es de aproximadamente −178 °C (−289 °F). Entonces, ¿qué hay en esos lagos, ríos y nubes de lluvia? Es metano líquido. El metano es un gas en lugares más cálidos, como la Tierra.

Júpiter

Júpiter tiene la mayor cantidad de lunas conocidas de cualquier planeta en el sistema solar: ¡la colosal cantidad de 66! Las cuatro lunas más grandes de Júpiter son Ganímedes, Ío, Europa y Calisto. El astrónomo Galileo Galilei las descubrió a través de un telescopio en el siglo XVII. Los científicos actuales están interesados especialmente en Ío y Europa.

Ío

Ío, la tercera luna más grande de Júpiter, es el lugar más ardiente del sistema solar. Se sacude constantemente con erupciones y explosiones. La lava sale de grietas gigantes y se vierte en inmensos lagos de lava. Nubes de gas salen disparadas de los volcanes. Las nubes contienen azufre, que cae de vuelta a la superficie como nieve dorada. La nieve de azufre le da a esta luna volcánica su color amarillo. Lejos de los lagos de lava y los volcanes, las temperaturas descienden a $-150\ {}^{\circ}C$ ($-238\ {}^{\circ}F$).

La sonda espacial *Voyager 1* descubrió los volcanes de Ío en 1979. La sonda espacial *Galileo* también ha estado allí. Los datos de la sonda sugieren que Ío tiene un vasto mar de roca derretida bajo su superficie.

Ío

Las múltiples pecas de Ío son volcanes gigantes. Las erupciones son tan frecuentes que la superficie de Ío cambia continuamente.

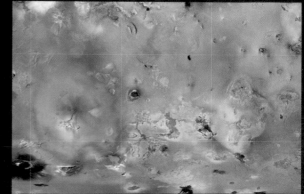

EUROPA

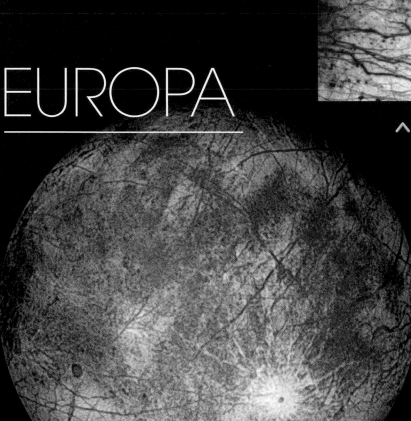

> ∧ Las áreas marrones muestran donde el material rocoso se ha mezclado con la corteza helada de Europa. Las líneas son grietas gigantes. Algunas grietas miden más de 3,000 kilómetros (1,850 millas) de largo.

Europa Europa es marcadamente distinta de Ío. La cuarta luna más grande de Júpiter está cubierta por una corteza de agua congelada. La corteza helada está llena de pliegues y grietas. Los científicos creen que hay un océano profundo de agua líquida salada debajo del hielo. Si hay vida más allá de la Tierra, el océano cubierto de Europa quizá sea un buen lugar donde buscarla.

La sonda espacial *Galileo* pasó volando cerca de Europa varias veces. También les dio pistas a los científicos sobre el océano cubierto de Europa y fabulosas fotos de su superficie congelada. La *Voyager 1*, la *Voyager 2* y *Cassini* también han tomado fotografías de esta luna helada.

Compruébalo ¿Cómo ayudan las sondas espaciales a los científicos de maneras en las que los telescopios con base en la Tierra no pueden?

TORMENTAS EN EL ESPACIO

por Rebecca L. Johnson

El fin de semana del 15 de julio de 2012, parecía que el cielo nocturno sobre Cotton, Minnesota, estaba en llamas. Líneas de luz roja, anaranjada y verde formaban ondas sobre el horizonte. Los observadores se reunieron ante el hermoso espectáculo de luces, que duró más de 36 horas pero solo fue visible de noche. Estas luces en el cielo, llamadas **auroras,** también brillaban y destellaban en el hemisferio sur. ¿Cuál fue la causa del espectáculo de luces? La actividad explosiva en nuestra estrella, el Sol.

"Las auroras son un signo visible de una tormenta solar que llega desde el espacio, una tormenta que se pone en movimiento como consecuencia de cambios en el Sol", dice la Dra. Madhulika Guhathakurta, conocida como Dra. G. Ella es directora del programa "Vivir con una estrella", de la NASA. El programa busca comprender los cambios en el Sol y cómo esos cambios afectan el **estado del tiempo espacial.** El estado del tiempo espacial son las condiciones en el espacio que pueden afectar a nuestro planeta, nuestra

La **DRA. MADHULIKA GUHATHAKURTA** es una científica de la NASA. Ha pasado gran parte de su carrera científica estudiando el Sol. Además de su trabajo con el programa "Vivir con una estrella", forma parte de un esfuerzo de investigación internacional en el que participan todas las agencias espaciales del mundo para intentar comprender mejor el estado del tiempo espacial.

tecnología e incluso nuestro suministro de electricidad.

El Sol es la fuerza que está detrás del estado del tiempo espacial. El calor extremo del Sol produce partículas diminutas y súper calientes que salen disparadas al espacio. Los científicos llaman a esta corriente de partículas **viento solar.** A veces, el viento solar fluye como una brisa suave. Pero las

tormentas solares: "ráfagas" poderosas de viento solar que fluyen por el espacio.

Cuando las tormentas solares se precipitan sobre la atmósfera de la Tierra, pueden producir estallidos de energía lumínica: las auroras que danzan por el cielo.

ESTADO DEL TIEMPO ESPACIAL

"Sabemos mucho sobre el Sol", explica la Dra. G. "El Sol es el objeto más grande y colosal del **sistema solar.** Mantiene a los planetas en órbita. Calienta a la Tierra y la hace habitable. Me calienta la piel los días de verano, pone azul el cielo e ilumina el hermoso mundo que me rodea".

Los científicos aprenden cómo el Sol produce el estado del tiempo espacial. El estado del tiempo espacial no es como el estado del tiempo en la Tierra. El estado del tiempo espacial son explosiones de energía que brotan del Sol y van a toda velocidad por el espacio.

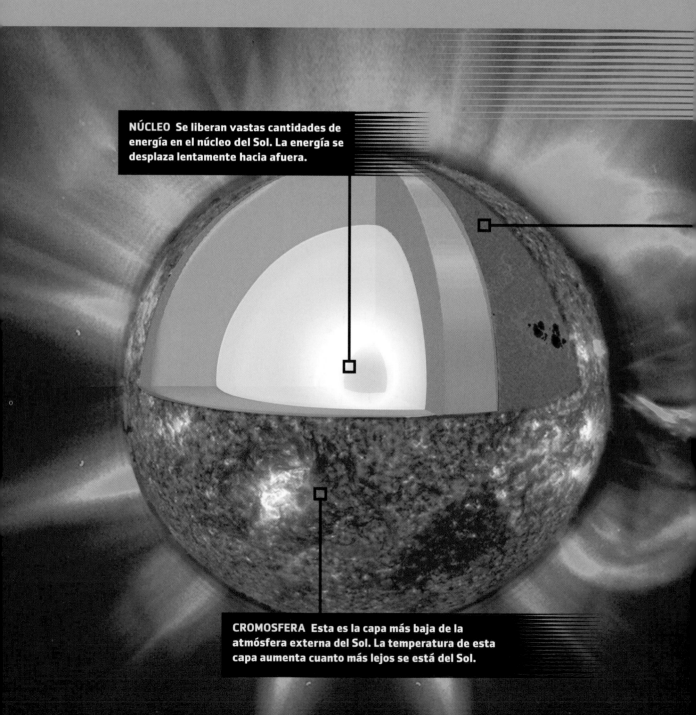

NÚCLEO Se liberan vastas cantidades de energía en el núcleo del Sol. La energía se desplaza lentamente hacia afuera.

CROMOSFERA Esta es la capa más baja de la atmósfera externa del Sol. La temperatura de esta capa aumenta cuanto más lejos se está del Sol.

El Sol es una esfera gigante de materia súper caliente parecida al gas llamada plasma. "El plasma se convierte en energía en el núcleo del Sol", explica la Dra. G. "La energía se desplaza del núcleo a las capas externas del Sol, y luego se libera en el sistema solar. El Sol genera increíbles cantidades de energía. ¡En un segundo, el Sol produce suficiente energía para satisfacer la demanda energética del mundo durante los próximos millones de años!".

El plasma del Sol, que parece un gas, se mueve constantemente. Se agita, salta y explota en la superficie del Sol. A veces el plasma brota con violencia. Estas erupciones ocurren cerca de las manchas solares, que son áreas más oscuras y ligeramente más frías en el Sol. Las erupciones envían miles de millones de toneladas de partículas al espacio. ¿Qué sucede cuando la Tierra se interpone en el camino de una de estas tormentas?

FOTOSFERA Este es el límite visible del Sol. En primer plano, tiene una textura granulada producida por el burbujeo de partículas súper calientes.

CORONA Esta corona parecida a un halo es la capa más externa de la atmósfera del Sol. La corona es la fuente de los vientos y las erupciones solares.

CAMPO MAGNÉTICO DE LA TIERRA El campo magnético que rodea a la Tierra actúa como escudo. Desvía la mayoría de los vientos solares que llegan al planeta. Pero las tormentas solares intensas pueden penetrar el campo magnético lo suficiente como para causar daño.

DAÑO DE LAS TORMENTAS

"Las auroras son hermosas, no son peligrosas ni destructivas", explica la Dra. G. "Sin embargo, pueden ser una señal de problema. Las auroras nos avisan sobre la presencia de tormentas solares. La mayoría de las tormentas solares son inofensivas, pero las tormentas grandes pueden causar problemas".

Las tormentas solares pueden interferir con las ondas de radio. "El tipo de problema más común es un apagón radial, una pérdida temporaria de comunicación radial", dice la Dra. G.

"A veces, los vuelos aéreos deben cambiar su trayecto para evitar volar sobre el Círculo Ártico, donde los apagones radiales son más frecuentes". Las tormentas solares también pueden silenciar los teléfonos y los satélites.

Las tormentas solares intensas crean corrientes eléctricas poderosas que pueden llegar a la Tierra e inhabilitar las redes de energía eléctrica. Las redes de energía eléctrica sobrecargadas por la tormenta no solo nos dejan a oscuras.

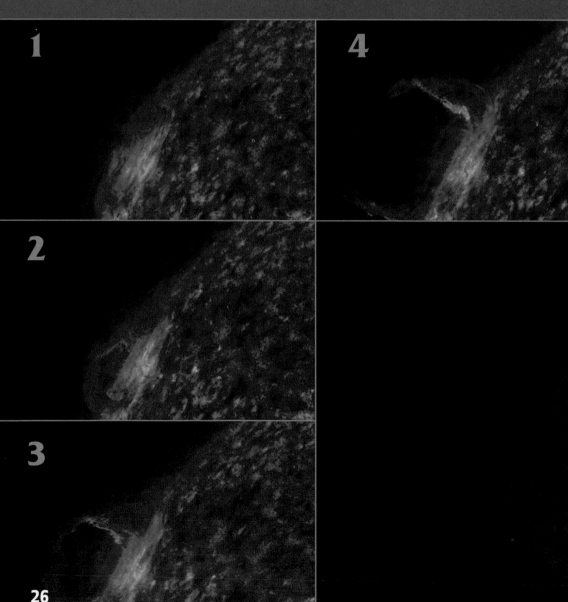

1

2

3

4

"Una tormenta solar realmente grande puede arruinar tu inodoro", dice la Dra. G. "¿Cómo? Haciendo que sea imposible vaciarlo al tirar de la cadena. En muchas ciudades, el suministro de agua depende de bombas eléctricas. Si se va la electricidad, como puede suceder durante una tormenta solar grande, las bombas dejarán de funcionar, por lo tanto, el agua dejará de correr. ¡Entonces no habrá agua para los baños! Al dejarnos sin electricidad, las tormentas solares detienen todo lo que requiera electricidad: desde los baños hasta los televisores".

El mundo se ha vuelto cada vez más dependiente de la tecnología que requiere electricidad para funcionar, por lo tanto, estamos bajo un riesgo mayor ante las tormentas solares destructivas. Por eso es importante observar el Sol con mayor atención.

5

Una erupción en la superficie del Sol envía un caudal de energía. ¿Qué sucedería si la Tierra se interpusiera en el camino de este caudal de energía? Puede haber auroras como resultado. También puede haber apagones generalizados.

Tamaño de la Tierra →

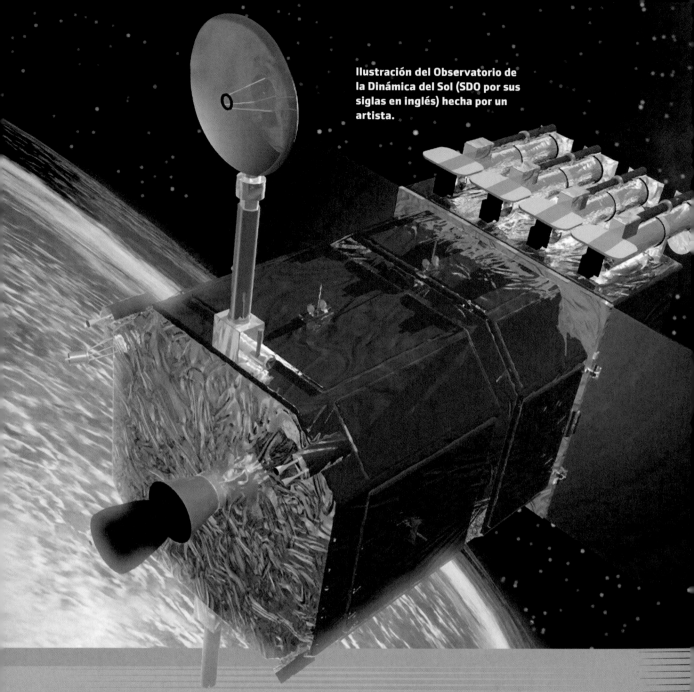

Ilustración del Observatorio de la Dinámica del Sol (SDO por sus siglas en inglés) hecha por un artista.

PRIMER PLANO DEL SOL

Los meteorólogos reúnen información sobre el viento, la temperatura y la presión atmosférica para ayudar a predecir el estado del tiempo en la Tierra. La Dra. G. y su equipo en la NASA monitorean el Sol, el espacio y los vientos solares para predecir el estado del tiempo espacial. Sus instrumentos más importantes son las **sondas espaciales.**

El programa "Vivir con una estrella" lanzó su primera sonda espacial en 2010. Se llama Observatorio de la Dinámica del Sol (SDO, por sus siglas en inglés). El SDO reúne datos sobre la superficie y el interior del Sol.

La Dra. G. y otros científicos solares revisan datos del SDO.

Los científicos usan luces de diferentes longitudes de onda para estudiar el Sol. Por ejemplo, esta longitud de onda proporciona una buena vista de la corona del Sol.

El SDO mantiene una "vista" aguda sobre el Sol. Sus instrumentos toman fotografías que tienen diez veces más resolución que un televisor de alta definición. Las fotografías son lo suficientemente grandes para llenar la pantalla de un cine IMAX. ¡Y la sonda espacial toma una fotografía cada 10 segundos!

La Dra. G. está orgullosa del SDO y las imágenes que brinda del Sol. Según la Dra. G., el SDO "promete transformar la física solar de la misma manera en la que el telescopio espacial Hubble ha transformado la astronomía".

El Observatorio de Relaciones Solares Terrestres (STEREO, por sus siglas en inglés) es otro instrumento que ayuda a los científicos a registrar cambios en el Sol que pueden producir tormentas solares. STEREO son dos sondas espaciales casi idénticas que trabajan en conjunto.

Ambas sondas STEREO giran alrededor del Sol en casi la misma órbita que la Tierra. Una sonda viaja un poco más rápido que la Tierra; la otra viaja un poco más lento. De esta manera, las dos sondas ven el Sol desde ángulos diferentes. Cuando las fotografías que toman se combinan, el resultado es una vista tridimensional del Sol.

Las dos sondas STEREO se han estado alejando lentamente entre sí en sus órbitas. En febrero de 2011, las sondas estaban en lados opuestos del Sol. Podían ver completamente el lado lejano del Sol y darle a los científicos una vista de 360 grados de nuestra estrella por primera vez.

Ilustración que hizo un artista de las dos sondas STEREO en órbita alrededor del Sol.

"Los observatorios como el SDO y los STEREO son muy importantes para pronosticar el estado del tiempo espacial", dice la Dra. G. "Estos observatorios pueden ver el Sol por todos lados: el lado cercano y el lado lejano. Nada escapa de su atención. Cuando una tormenta solar abandona el Sol y se dirige a la Tierra, la sonda puede registrarla, lo que ayuda a los meteorólogos a predecir cuándo llegará a nuestro planeta".

El SDO, los STEREO y otros observatorios ayudan a los científicos a predecir mejor cuándo una tormenta solar golpeará la Tierra. Los científicos también pueden predecir qué tan mala podría ser la tormenta. Esa es una muy buena noticia, especialmente en la actualidad, pues el Sol entra en una fase más activa. ¡Quizá se avecine un tiempo espacial tormentoso!

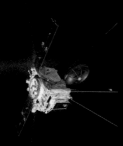

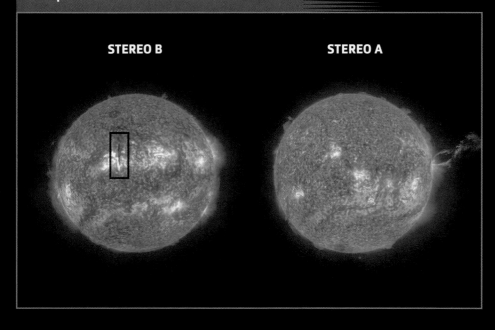

Cada sonda espacial fotografía el Sol al mismo tiempo, pero desde un ángulo diferente. Observa detenidamente la foto del STEREO B. ¿Ves la línea vertical oscura dentro del recuadro negro? Esa es la erupción solar de la foto del STEREO A.

STEREO B   STEREO A

Compruébalo   ¿Cómo te puede afectar un severo estado del tiempo espacial?

Comenta

1. ¿Qué crees que conecta las cuatro lecturas de *Explorar arriba y más allá*? ¿Qué te hace pensar eso?

2. Explica por qué se suele considerar a Robert Goddard como el padre de la tecnología moderna de cohetes. Usa ejemplos en tu respuesta.

3. Compara y contrasta las descripciones que hacen los astronautas sobre la Luna de la Tierra en "Un pequeño paso..." con una de las lunas de "Lunas asombrosas". Explica cómo el alunizaje en esa luna asombrosa puede ser diferente del alunizaje del *Apollo 11* en la Luna de la Tierra.

4. Explica cómo las tormentas del Sol producen el estado del tiempo espacial. ¿Cómo puede el estado del tiempo espacial afectar a la Tierra?

5. ¿Qué preguntas sigues teniendo sobre el Sol, la Luna de la Tierra u otras lunas del sistema solar? ¿Qué harías para buscar más información?